AF234187

RÈGLEMENT

Concernant l'Habillement, l'Équipement & l'Armement du Corps de la Gendarmerie.

Du 18 Février 1772.

DE PAR LE ROI.

SA MAJESTÉ voulant rassembler en un seul corps, les dispositions des Ordonnances concernant l'habillement, l'équipement & l'armement de sa Gendarmerie, & pourvoir aux différens objets de sa tenue, sur lesquels Elle n'avoit point encore statué, a ordonné & ordonne ce qui suit :

TITRE I.er

De l'Habillement, Équipement & Armement du Gendarme.

ARTICLE PREMIER.

L'HABIT sera de drap écarlate, revers, collet & paremens de même drap, la doublure de serge chamois, à l'exception de celle des manches, qui sera de toile ; l'habit sera croisé par-derrière, il se portera déboutonné, les basques retroussées & agraffées.

Composition de l'habillement.

A

La veſte ſera de drap de couleur chamois, elle ſera doublée de toile de coton écrue.

La culotte ſera de peau de daim, conforme au modéle arrêté; & le Gendarme ſera tenu de s'en pourvoir, & de s'en entretenir à ſes frais.

2.

L'HABIT des Brigadier, Sous-brigadier, Porte-étendard, Fourrier, Appointé & Gendarme, ſera façonné avec une aune & un quart de drap écarlate, large de cinq quarts, deux aunes & demi-quart de ſerge large de cinq huitièmes; trois quarts de toile pour poches & droits-fils, & neuf aunes de galon.

La veſte ſera façonnée avec ſept huitièmes de drap couleur chamois, & une aune de toile de coton de trois quarts de large pour doublure.

3.

Diſpoſition du Galon, & proportions de l'Uniforme.

L'HABIT, les revers, paremens, collet & pattes de poches, ſeront bordés d'un galon d'un pouce de large, de la forme & du deſſin du modéle arrêté; chaque côté de revers ſera garni de ſix brandebourgs, & de deux au-deſſous de chaque revers, leſquels ſeront proportionnés à la taille des Gendarmes, de ſeize à dix-huit pouces de longueur, ils auront trois pouces neuf lignes de largeur à la partie ſupérieure, & trois pouces en bas.

Les brandebourgs du revers formeront trois pointes, celle du milieu ſera terminée ſur les bords du revers, les deux autres ſeront ſur la même ligne.

Les deux brandebourgs du deſſous de chaque revers, auront la pointe du côté ſur l'alignement des revers.

Le collet ſera rond & élevé du derrière, arrivant du devant juſte au bas du col, de manière qu'il ferme bien; il ſurpaſſera de deux lignes le bordé du revers, & les pointes ſeront fixées ſous le revers au moyen d'un bouton.

La longueur des manches dépaſſera un peu la jointure

3

du poignet au bras, elles feront affez larges pour mettre des manches de vefte.

Le parement fera doublé de ferge, comme l'habit, il fera coupé rond en botte, un peu plus large du côté du bras que fur le poignet, il aura quatre pouces de hauteur.

Les poches feront en travers, les pattes pofées trois lignes au-deffous du bouton de la hanche, & diftantes de deux pouces du bord de devant.

Il y aura un demi-pli à l'habit, qui fe terminera au milieu de la bafque, le furplus fera fermé par une couture.

L'habit fera façonné proportionnément à la taille de chaque Gendarme, affez large & aifé pour qu'il puiffe faire tous les mouvemens fans être gêné, il defcendra jufqu'au pli du jarret, il fera affez large de poitrine, & s'agraffera jufqu'au troifième brandebourg.

4.

L'HABIT du Gendarme-appointé, fera le même que celui du Gendarme, & il ne fera diftingué que par un fecond galon fur le parement, de même largeur que celui de l'habit.

Le Fourrier portera le même habit que le Gendarme, il fera diftingué par deux brandebourgs de galon pareil à celui de l'habit, qu'il portera fur chaque parement.

L'habit du Porte-étendard, fera le même que celui du Gendarme, il fera diftingué par un fecond galon d'un pouce & demi de large, qu'il portera fur le parement; par un galon pareil à celui de l'habit, qu'il portera autour de chaque poche; & par un écuffon de galon de même efpéce, qu'il portera fur les hanches pour couvrir la couture du pli des côtés.

L'habit uniforme du Sous-brigadier, fera le même que celui du Porte-étendard.

Le Brigadier portera l'habit uniforme femblable à celui du Sous-brigadier, & il fera diftingué par un troifième galon de la largeur d'un pouce sur le parement, de façon que le galon d'un pouce & demi de large, sera renfermé par deux autres de la largeur d'un pouce.

Les épaulettes des habits des Gendarmes, seront de drap couvert de galon d'argent, sans franges ; ce galon sera liféré de soie de la couleur affectée à chaque compagnie.

Chaque revers sera garni de sept petits boutons, & le surplus de l'habit le sera de seize gros, dont trois à chaque poche, deux au-dessous du revers, un sur chaque hanche, & trois sur le parement de chaque manche.

Les boutons seront argentés, de forme plate, ayant un soleil en relief dans le milieu, autour duquel sera inscrit, *Gendarmerie de France.*

La veste sera sans poches, les basques du devant carrées & ouvertes, elle aura cinq pouces du dernier bouton au bas de la basque, elle sera garnie de douze petits boutons, du même modèle que ceux de l'habit.

5.

Des Surtouts. LE surtout du Brigadier, Sous-brigadier, Porte-étendard, Fourrier, Appointé & Gendarme, sera de drap écarlate doublé de serge chamois.

La veste sera la même que celle qui a été réglée ci-dessus pour l'uniforme.

Il sera employé à la confection de chaque surtout :

> Une aune un quart Drap large de cinq quarts.
>
> Deux aunes un quart Serge chamois.
>
> Trois quarts Toile pour poches, droits fils & doublures des manches.
>
> Et vingt gros boutons pareils à ceux de l'habit.

Le surtout sera croisé par-derrière au bas de la taille, les basques retroussées & agraffées ; il sera fait dans les mêmes proportions que l'habit uniforme, la poche en

travers,

5

travers, garnie de trois gros boutons, le parement en botte, fermé en deffous, & de quatre pouces de hauteur.

Chaque Gendarme fera tenu de fe fournir une culotte de drap chamois de la même nuance que la vefte.

6.

LE manteau fera de drap écarlate parementé de ferge chamois, le collet fera bordé d'un galon pareil à celui de l'habit, pour la confection duquel il fera employé quatre aunes un tiers de drap large de quatre quarts. *Du Manteau.*

Il fera parementé fur le devant d'une aune & demie de ferge chamois.

7.

LES Gendarmes porteront fur le furtout une épaulette de Sous-lieutenant à fond de foie, de la couleur affectée à leur compagnie, lofangée de carreaux de treffe d'argent avec des franges mêlées de foie & d'argent, en proportion du mélange de l'épaulette. *Épaulettes du furtout pour la diftinction des Grades.*

Les Fourriers, Porte-étendards, Sous-brigadiers & Brigadiers, porteront l'épaulette de Lieutenant à fond d'argent lofangée de carreaux de foie de la couleur de leur compagnie, & garnie de franges mêlées de filés d'argent & de foie, en proportion du mélange de l'épaulette.

8.

LE chapeau fera bordé d'un galon large de vingt-une lignes, du même deffin que celui de l'habit. *Coiffures & menues fournitures.*

La cocarde fera de bafin conforme au modèle arrêté.

Le col fera de velours noir.

La boucle de col fera d'acier, fuivant le modèle.

Les gants de peau de daim, à patte forte.

Tous ces effets feront donnés aux Gendarmes, aux frais des Chefs de brigades.

9.

LES cheveux feront liés en queue attachée près de la tête, avec une rofette conforme au modèle. *Tenue des Gendarmes.*

Les cheveux des faces formeront une boucle.

Les manchettes de chemises seront de batiste ou mousseline unie, d'un pouce & demi de hauteur, avec un ourlet plat.

Les manchettes de bottes seront de toile, sans être ouvertes; il y aura à la partie supérieure une boutonnière en long pour l'attacher au quatrième bouton de la culotte.

Les boucles de souliers seront d'argent ou de métal blanc, de forme carrée, ornée de huit palmes, du même dessin réduit que celles de la broderie des Officiers.

Les bottes molles seront conformes au modéle arrêté.

Il sera toléré, en temps de paix seulement, de porter pendant l'été des cols, gilets, culottes & bas blancs; les gilets & culottes seront de coutil blanc, & exécutés conformément au modèle arrêté; les bas ne pourront être de soie.

<h3 style="text-align:center">10.</h3>

De l'Équipement. LES bottes uniformes seront fortes, conformes au modéle réglé.

De la Bandoulière. La bandoulière sera de mouton fort, doublée de peau blanche, large de trois pouces huit lignes, & de quatre pieds & demi de longueur, bordée d'un galon d'argent de quinze lignes de largeur, du même dessin que celui de l'habit; le milieu sera rempli par un galon de soie de la couleur affectée à chaque compagnie: chaque bout de la bandoulière sera terminé par une petite plaque de fer poli; sur l'une il sera soudé un petit porte-mousqueton, & sur l'autre une branche de fer recourbée en forme d'anneau.

Du Galon distinctif des bandoulières. Les galons qui formeront le milieu des bandoulières & la distinction des compagnies, seront,

S A V O I R :

De couleur *jonquille* pour la compagnie des Gendarmes-Écossois.

Le *violet*, à celle des Anglois.

7

Le *gros-vert*, à celle des Bourguignons.

La *feuille-morte*, à celle de Flandre.

Le *rouge-ponceau*, à celle de la Reine.

Le *bleu-céleste* à la compagnie des Gendarmes-Dauphin

Le *bleu-de-roi*, à celle de Berry.

Le *vert-d'eau*, à celle de Provence.

Le *cramoisi*, à celle d'Artois.

Et le *souci*, à celle d'Orléans.

Le ceinturon sera de buffle, long de quatre pieds, & *Du Ceinturon.* large de deux pouces & demi, sans piqûre & garni d'une plaque de métal blanc ou d'acier poli, à laquelle il y aura une chape de fer ouverte pour passer un crochet qui sera cousu à l'extrémité de la gauche de la ceinture ; il y aura une chape de fer ouverte pour passer un crochet qui sera cousu à l'extrémité de la gauche de la ceinture ; le sabre sera porté par un pendant de buffle en ligne per-pendiculaire un peu inclinée, & il y sera attaché une petite boucle pour fixer le fourreau du sabre, au moyen d'une courroie qui y sera attachée ; le ceinturon sera bordé d'un galon d'argent, conformément au modèle qui en a été réglé.

Lorsque le Gendarme ne sera point à cheval, il portera un ceinturon de buffle jaune sans galon, lequel sera au surplus exécuté dans les mêmes formes & pro-portions du ceinturon uniforme ci-dessus détaillé, & conforme au modèle arrêté.

Lesdits ceinturons seront toujours portés sur la veste.

La garde du sabre sera couverte de trois branches *Du Sabre.* à coquille pleine & piquetée de fer bronzé, la lame pleine & à dos, de la longueur de trente-six pouces, un peu recourbée vers la pointe, elle aura quatorze lignes de largeur & cinq lignes d'épaisseur près de la soie, & diminuera en proportion jusqu'à la pointe.

Le fourreau du sabre sera d'un seul cuir à semelle, fort & sans bois, il sera garni d'un bout de fer bronzé & d'une chape de même matière.

Du Cordon de sabre. Le cordon du sabre sera tressé de filés d'argent mêlés de soie de la couleur des compagnies.

De l'Épée. L'épée uniforme que le Gendarme portera à pied, sera d'acier, du même modèle que celle des Officiers supérieurs.

Du Porte-manteau. Le porte-manteau sera de drap écarlate, conforme au modèle, dont la fourniture & l'entretien sera à la charge du Gendarme.

1 1.

De l'ARMEMENT. Du mousqueton. LE canon du mousqueton aura deux pieds six pouces quatre lignes de longueur; la baguette sera de fer, la grenadière de cuir rouge à boucle coulante.

Des Pistolets. Les canons des pistolets auront huit pouces & demi de longueur.

Du Plastron de cuirasse. Le plastron de cuirasse sera de fer bronzé, doublé de toile matelassée, & bordé de drap cramoisi festonné.

Les bretelles seront de cuir rouge.

Les boucles & agraffes de fer bronzé.

1 2.

De l'ÉQUIPAGE DU CHEVAL. De la Selle. LA selle d'armes sera de cuir sauve, des mêmes proportions que celles de la Cavalerie, & conforme au modèle arrêté.

De la Bride. La monture de bride & filet à la françoise, les rênes, les montans, la sous-gorge & la muselière auront douze lignes de large; la têtière sera de deux pouces de large, le frontal de dix lignes; il y aura à la têtière un petit ruban de laine de la couleur des compagnies pour couvrir le toupet du cheval.

Les boucles seront de fer poli, & auront dix lignes d'ouverture : il y aura sous la têtière un passant en travers, dans lequel passera la têtière du filet.

Du Filet. La rêne du filet aura quatre pieds de longueur; il y aura à l'extrémité gauche une boucle coulante de

huit

18 février 1772

9

huit lignes d'ouverture : les montans & la rêne auront dix lignes de largeur.

Indépendamment des parties d'équipement réglées par l'article 10, chaque Gendarme sera pourvu d'un porte-cartouche percé de onze coups sur deux rangs, de forme concave pour embrasser le devant de la fonte droite des pistolets où elle sera attachée.

Les mors de bride seront à canon fermé, les branches droites avec un touret soudé en dehors pour y passer un anneau propre à recevoir les rênes ; les bossettes seront en cuivre argenté ou de métal blanc : elles seront unies, à l'exception de la compagnie des Gendarmes-Écossois qui conservera au milieu une fleur-de-lys couronnée. *Du Mors de bride.*

La housse & les chaperons faits à calotte, seront de drap cramoisi, bordé d'un galon en argent large d'un pouce, de même dessin que celui de l'habit uniforme ; le chiffre de la compagnie y sera brodé en argent. *Des Housse & Chaperons.*

Il sera employé à la confection de chaque housse & deux chaperons, cinq huitièmes de drap cramoisi de quatre quarts de large, & quatre aunes & demie de galon.

Les rubans pour la queue du cheval seront des couleurs de la compagnie, & noués en rosette suivant le modèle. *Des Rubans de queue pour le cheval.*

TITRE II.

De l'Habillement, Équipement & Armement des Officiers supérieurs, Sous-aide-major, Maréchaux-des-logis & Fourriers-major.

ARTICLE PREMIER.

L'HABIT grand uniforme des Officiers sera de drap écarlate, des mêmes forme & proportions, coupe de poches & position de boutons, que celui du Gendarme, les basques seront retroussées & agraffées. *Du grand uniforme.*

C

Il sera bordé d'une broderie d'un pouce de largeur en fil d'argent & paillettes, à colonne torse à trois côtés, d'une ligne de large chacune, ornée de palmes à deux pouces l'une de l'autre.

Les tailles seront brodées d'une broderie du même dessin, d'un pouce & demi de large.

Chaque revers sera garni de huit petits boutons, & brodé de sept brandebourgs du même dessin de broderie que le bordé, il sera brodé au-dessous de chaque revers deux autres brandebourgs.

Le parement qui sera bordé d'une broderie d'un pouce de large, sera en outre garni d'une seconde broderie de la largeur d'un pouce & demi; il sera garni de trois gros boutons.

Les poches & les pattes seront entourées d'une broderie large d'un pouce, le dessous du bouton des hanches sera brodé en forme d'écusson de la même broderie couvrant la couture des plis de l'habit.

Les boutons de l'habit & ceux des revers seront de filés d'argent en paillettes.

Veste. La veste sera de drap de couleur chamois, sans pattes de poches, de la même coupe & proportion que celle du Gendarme; elle sera brodée à la bourgogne, d'une broderie du même dessin que celle de l'habit, lisérée de noir; le bordé sera d'un pouce, & la grande broderie d'un pouce & demi de largeur; la veste sera garnie de douze petits boutons en filés d'argent & paillettes.

Culotte. La culotte sera de couleur chamois, avec les boutons uniforme du Gendarme.

Veut Sa Majesté, que les Officiers ne puissent faire exécuter & porter le grand uniforme ci-dessus réglé, qu'après qu'Elle en aura plus particulièrement déterminé le temps, & qu'en attendant lesdits Officiers ne puissent porter que les petits uniformes ci-après détaillés.

18. février 1772.

L I

2.

L'HABIT petit uniforme, sera de drap écarlate; il sera pareil en tout point à celui du grand uniforme, à l'exception qu'il ne sera point brodé sur les tailles, la veste & la culotte seront les mêmes que celles du grand uniforme, réglées par l'article précédent.

Du petit uniforme.

3.

LE surtout que les Officiers porteront, sera de drap écarlate, croisé par-derrière, & bordé en broderie, conformément au modèle réglé; il sera sans poches apparentes, & le parement sera en botte ronde sans boutons; le collet du surtout sera de velours cramoisi, arrondi de manière à pouvoir être boutonné.

Du Surtout.

Les boutons seront brodés à limace.

La veste sera de drap chamois, coupée dans les mêmes proportions que celle de l'uniforme, elle sera bordée d'une seule broderie, pareille à celle dudit surtout.

Veste.

La culotte de drap chamois, garnie de boutons uniformes.

Culotte.

Sa Majesté veut bien permettre aux Officiers de porter pour l'été, en temps de paix, des cols, culottes & gilets blancs; lesquels devront être uniformes.

4.

LA redingote sera de drap écarlate, bordée d'un dessin de broderie à deux baguettes croisées, à palmes; le parement en botte ronde, fermé en-dessous par trois petits boutons; les boutons seront uniformes à ceux de l'habit du Gendarme, ladite redingote sera assez large & assez longue pour être portée sur un habit.

De la Redingote.

5.

LE manteau sera de drap écarlate, parementé de serge chamois, comme celui du Gendarme; le collet sera bordé d'une broderie pareille à celle du surtout.

Du Manteau.

6.

LE chapeau sera bordé d'un galon à crête, de vingt-six lignes de large, y compris la crête, conforme au modéle réglé; il sera retapé comme celui du Gendarme; le bourdaloue sera d'un galon sans crête, du même dessin que celui du bord.

Le bouton de fil d'argent à limace.

La cocarde de basin, telle que celle du Gendarme.

Les gants de même que ceux des Gendarmes.

Le col de velours noir.

Les cheveux liés en queue, avec une rosette pareille à celle du Gendarme.

7.

L'HABIT uniforme des Sous-aides-major & Maréchaux-des-logis, sera le même que celui des Officiers supérieurs.

Celui des Fourriers-major sera le même que celui des Maréchaux-des-logis, à l'exception qu'il y aura deux brandebourgs brodés sur chaque parement, en place de la double broderie.

La veste sera la même que celle des Officiers supérieurs, si ce n'est qu'elle sera simplement bordée de la petite broderie.

La culotte de drap chamois, avec les boutons uniformes.

8.

LE surtout des Sous-aides-major, Maréchaux-des-logis & Fourriers-major, sera de drap écarlate, fait, quant à la coupe, comme celui des Officiers supérieurs; mais au lieu d'être brodé, il sera bordé d'un galon à crête, conforme au modéle.

Le collet sera de velours cramoisi, de la même forme que celui du surtout des Officiers supérieurs.

La

13

La veste sera de drap chamois, unie & coupée comme celle de l'habit uniforme.

Les boutons du surtout & de sa veste, seront du même modèle que ceux du Gendarme.

La culotte sera de drap chamois.

Les cols, vestes & culottes blancs seront tolérés pour l'été, pendant le temps de paix, & seront uniformes.

9.

LES Officiers supérieurs porteront sur l'habit grand *Des Épaulettes.* uniforme, petit uniforme & surtout, les épaulettes distinctives du grade militaire qu'ils auront par les charges dont ils seront pourvus.

Ces épaulettes seront de tresses d'argent, brodées de chaque côté, d'une broderie du même dessin réduit que celle de l'habit, avec franges & cordelières.

Le Guidon portera l'épaulette de Lieutenant-colonel.

L'Enseigne qui n'aura rang de Mestre-de-camp qu'en vertu d'une commission, ne portera que l'épaulette distinctive de Lieutenant-colonel.

Les Aides-major, le Guidon, l'Enseigne des Écossois & les deux plus anciens Enseignes du Corps, brevetés Mestres-de-camp par l'Ordonnance du 23 janvier 1771, porteront les deux épaulettes distinctives du Mestre-de-camp.

Les Sous-lieutenans & les Capitaines porteront également les deux épaulettes de Mestre-de-camp.

Les Officiers supérieurs qui seront pourvus du grade de Brigadier, porteront au milieu de chaque épaulette, une étoile en or.

Le Commandant général, gradué Lieutenant général, portera trois étoiles sur chacune de ses épaulettes.

Les Sous-aides-major, Maréchaux-des-logis & Fourriers-major, porteront sur l'habit uniforme & surtout, l'épaulette de Capitaine, comme la marque distinctive du grade militaire qu'ils ont dans le Corps, sans avoir égard aux commissions de Lieutenans-colonels ou de Mestres-de-camp, qui pourront leur être expédiées.

Lesdites épaulettes seront brodées comme celles des Officiers supérieurs, & ne différeront que par les franges qui seront de filés d'argent sans cordelières.

I O.

De l'ÉQUIPEMENT & ARMEMENT.

Du Sabre.

LE sabre uniforme des Officiers sera à garde couverte de quatre branches en acier bronzé, la coquille pleine & piquetée, la lame de trente-trois pouces de longueur, pleine & à dos, de quatre lignes d'épaisseur près de la soie, & de douze lignes de largeur, diminuant jusqu'à la pointe coupée du côté du tranchant.

De l'Épée.

L'épée sera d'argent, la coquille pleine; le tour, ainsi que la branche, seront travaillés d'un dessin pareil à la broderie de l'habit semblable au modèle arrêté.

Du Ceinturon.

Le ceinturon sera conforme à celui du Gendarme, & bordé d'une broderie en fil d'argent & paillettes semblables au modèle réglé.

Il sera garni par-devant d'une plaque en forme de carré long, arrondi, de trois pouces six lignes de longueur sur deux pouces trois lignes de largeur; elle sera d'argent timbrée des armes du Roi en relief, ornées de palmes de chaque côté, les fleurs-de-lys dorées sur un champ bleu.

Du Cordon de sabre.

Le cordon de sabre & d'épée sera d'argent liséré de soie de la couleur distinctive de chaque compagnie, ayant un seul gland mêlé de franges & de cordelières.

Des Pistolets.

Les pistolets seront de treize pouces de long, les canons de sept pouces & demi, renforcés sur le bout & surdorés, les calibres de six lignes, les guidons en argent, les platines, couvre-platines & les sougardes d'acier uni, mais gravées de trophées ou chiffres des compagnies sur chaque côté des calottes.

Les calottes seront en argent, les ovales seront faites

198

15

de manière à pouvoir supporter une gravure; les bois pour la monture des pistolets seront de noyer avec ornemens, les baguettes de baleines garnies de têtes d'acier.

Lorsque les Officiers devront avoir des cuirasses, elles seront conformes aux modèles qui seront présentés & agréés.

Des Cuirasses.

I I.

L'ÉQUIPAGE du cheval des Officiers supérieurs, sera composé d'une housse & de deux chaperons à calottes, en velours cramoisi, garni d'un galon à crête du modèle arrêté, de deux pouces & demi de largeur; les chiffres des compagnies, tels qu'ils sont réglés, seront brodés sur chacun des côtés de la housse & des chaperons.

De L'ÉQUIPAGE DES CHEVAUX DES OFFICIERS.

De la Housse & Chaperons.

La selle sera à la royale, de velours cramoisi, bordée d'un galon de soie de même couleur.

De la Selle.

La têtière de bride à la françoise; les boucles & les bossettes seront d'argent, conformes au modèle arrêté.

De la Bride.

La compagnie Écossoise aura seule une fleur-de-lys couronnée sur les bossettes; celles des autres compagnies seront unies.

Le filet sera d'argent.

Du Filet.

L'État-major portera sur ses housses le chiffre de la compagnie Écossoise, & aura les mêmes bossettes.

Les housses & chaperons des Sous-aides-major, Maréchaux-des-logis & Fourriers-major, seront de drap cramoisi, & au surplus semblables à ceux des Officiers supérieurs.

La selle desdits Officiers sera à la royale, de drap cramoisi, bordée d'un galon de soie de même couleur.

Les boucles de la bride & les bossettes seront pareilles à celles des Officiers supérieurs.

TITRE III.

De l'Habillement, Équipement & Armement des Timbaliers & Trompettes.

Casaques. SA MAJESTÉ fera fournir les casaques du Timbalier & des Trompettes, ainsi que les manteaux, suivant l'usage établi à cet égard.

Veste. La veste sera de drap écarlate, sans poches; elle sera bordée d'un galon uni en argent, d'un pouce de largeur.

Les casaques & la veste dureront six ans.

La culotte sera de drap écarlate.

Le chapeau bordé d'un galon d'argent large de dix-huit lignes, du même dessin que celui des casaques.

L'épée uniforme, le sabre, le col, la cocarde & les gants seront les mêmes que ceux des Gendarmes.

Les cheveux seront liés en queue, avec une rosette pareille à celle du Gendarme.

Le cordon de sabre en argent & soie de la couleur de la livrée du Roi.

Le ceinturon, à la françoise, de peau blanche, bordé d'un petit galon uni en argent, renfermant dans le milieu un galon livrée du Roi, sera porté sur la veste.

Les bottes seront molles.

La housse & les chaperons à calotte, de drap bleu teint en laine, bordés d'un galon d'argent à feston d'un pouce de large.

La housse du cheval du Timbalier sera de drap bleu, galonné à la bourgogne; le bordé sera d'un pouce & le second galon de deux pouces de largeur.

Les surtouts des Trompettes seront de drap bleu, doublés de serge rouge; les collets, paremens & pattes de poches bordés d'un galon en argent large d'un pouce, du même dessin que celui des casaques; le parement coupé & fermé en botte, les poches en travers.

Le

18 février 1772.

17.

Le surtout du Timbalier sera le même que ceux des Trompettes; il aura de plus un galon autour de la poche, & sera bordé sur le devant de l'habit & aux basques de derrière, du même galon large d'un pouce.

Lesdits surtouts des Timbalier & Trompettes, seront fournis aux frais du Roi.

TITRE IV.

De la Manutention de l'Habillement.

ARTICLE PREMIER.

L'INTENTION de Sa Majesté étant que l'habillement des dix compagnies de sa Gendarmerie, continue d'être exécuté, ainsi qu'il a été prescrit par son Ordonnance du 5 juin 1763; Elle veut qu'il soit choisi parmi les Chefs de brigades, un Capitaine-lieutenant, un Sous-lieutenant & un Enseigne, qui seront chargés de faire les achats concernant l'habillement & les menues réparations, & de les faire parvenir au Corps à l'époque que le Commandant général aura fixée.

Commissaires nommés à l'habillement.

2.

LORSQU'UN des Chefs de brigade, chargé des soins de l'habillement, quittera son emploi, ou passera à un autre grade, le Commandant général assemblera chez lui les Officiers supérieurs du grade égal à celui de l'Officier ci-dessus désigné, pour faire entr'eux à la pluralité des voix, l'élection de celui qui devra remplacer le Chef de brigade quittant ou passant à un autre emploi: Sa Majesté veut & entend néanmoins que l'Officier élu n'entre en fonctions relatives audit habillement, qu'autant que celui qui en étoit précédemment chargé, aura fini & rendu les comptes de son administration.

3.

IL sera fait en tout temps, sous le titre de *Masse de l'habillement*, une retenue de trois sous par jour sur chaque Brigadier, Sous-brigadier, Porte-étendard, Fourrier,

Masse retenue pour l'habillement.

E

Appointé & Gendarme, dont le fonds sera destiné à l'habillement des dix compagnies : cette Masse demeurera entre les mains du Trésorier général de l'ordinaire des guerres, qui ne la délivrera aux Chefs de brigade chargés des soins de l'habillement, que sur l'ordre signé par le Commandant général, Inspecteur.

4.

Objets de dépense, affectés sur la Masse.

VEUT Sa Majesté, que sur le produit de ladite Masse, il ne soit acquitté que les dépenses relatives à la confection.

De l'habit uniforme & de sa veste,

Du surtout & de sa veste,

Des épaulettes,

Des bandoulières,

Et des housses & chaperons.

Objets affectés sur les émolumens des Brigades.

Les émolumens des brigades seront affectés à la dépense de la fourniture & entretien

Des chapeaux & des bords, cocardes, cols, gants, cordons de sabres, bottes fortes, selles & brides, ceinturons & plaques, sabres, mousquetons, pistolets & manteaux.

Porte-manteau fourni par le Gendarme.

Chacun des Brigadiers, Sous-brigadiers, Porte-étendards, Fourriers, Appointés, Gendarmes, Timbalier & Trompettes, sera tenu de se fournir & d'entretenir son porte-manteau uniforme, lequel lui appartiendra, & dont il pourra disposer lorsqu'il quittera l'emploi qu'il occupera dans le Corps.

5.

Durée des effets uniformes.

L'HABIT & la veste uniformes, dureront au moins l'espace de six ans, au moyen des deux surtouts & vestes qui seront délivrés pour le même espace de temps ; & si à la fin du terme de la durée prescrite, il se trouve en bon état, Sa Majesté autorise le Commandant général à faire prolonger la durée dudit habillement grand uniforme, en faisant délivrer un surtout de plus pour faciliter ladite prolongation.

19

Les surtout & veste seront portés concurremment avec le grand uniforme, & remplacés tous les trois ans.

Le manteau durera au moins huit ans.

La bandoulière, quatre ans.

Les chapeaux, cocardes & cols de velours, seront remplacés tous les ans.

Les gants dureront deux ans.

Les bottes, cinq ans en temps de paix, & elles seront remplacées en temps de guerre autant que le besoin l'exigera.

Le sabre durera douze ans.

Le cordon de sabre sera remplacé tous les deux ans.

Le ceinturon fera le service de six ans, & le galon sera renouvelé tous les trois ans.

Les mousquetons & pistolets, seront remplacés à mesure qu'ils seront reconnus hors de service.

La selle d'armes durera quinze ans.

La housse & les chaperons, six ans en temps de paix; & en temps de guerre, ils seront remplacés lorsqu'ils seront hors de service.

6.

LES Chefs de brigades, chargés de l'achat de l'habillement, seront tenus de justifier au Commandant général, de l'emploi des billets de Masse dont il aura donné la main-levée; & il vérifiera si l'emploi des fonds est conforme à la somme délivrée, à l'effet d'en rendre compte à Sa Majesté.

Achat de l'habillement.

7.

LE Commandant général, Inspecteur, déterminera à sa revue tous les objets de réparations concernant l'habillement, l'équipement & l'armement; il en fera remettre l'état aux Chefs de brigades chargés des approvisionnemens, & fixera l'époque à laquelle lesdits objets devront être rendus au Corps.

Réparations réglées par le Commandant général.

Le Commandant général sera particulièrement chargé de l'exécution des objets de l'habillement, & pour d'autant plus assurer l'uniformité entière dans toutes les parties, il commettra en son absence un Officier-major, sous l'autorité du Commandant du Corps, sur les lieux, pour qu'il tienne la main à ce que tout soit exécuté conformément aux modèles arrêtés.

8.

Marchandises envoyées, reçues par le Commandant général.

LES fournitures nécessaires à la confection des parties dont le Commandant général aura jugé, lors de sa revue d'inspection, le remplacement nécessaire, seront envoyées au Corps & rendues aux époques qu'il aura désignées; elles seront déposées dans un magasin qui sera établi à cet effet, dont les Commissaires chargés de l'habillement donneront le soin à un Officier; les fournitures ne pourront être reçues que par le Commandant général, ou en son absence par celui qu'il aura commis à cet effet, & elles ne seront agréées qu'autant qu'elles se trouveront conformes en tout point aux échantillons & aux modèles arrêtés.

Si lesdites fournitures n'arrivoient pas au Corps aux époques indiquées par le Commandant général, le Commandant du Corps en rendra compte; & dans ce cas Sa Majesté autorise le Commandant général à prendre les moyens les plus prompts pour assurer la confection de l'habillement au terme fixé; le surcroît de dépense & les faux frais que le retardement de l'arrivée des fournitures occasionneroit, ne seront plus au compte de la Masse, mais retenus sur les émolumens des brigades.

9.

Passeports feront-demandés par le Commandant général.

LES Chefs de brigades, chargés de l'achat de l'habillement, se feront remettre d'avance, par les fournisseurs avec lesquels ils auront traité, l'état des passeports qu'ils prévoiront nécessaires pour l'affranchissement des droits dont les Effets de l'habillement pourroient être susceptibles dans la route qu'ils devront parcourir, ils

remettront

18. Janvier 1772

21

remettront ledit état au Commandant général, Inspecteur, qui en demandera auffitôt l'expédition pour que rien ne puiffe retarder l'arrivée defdits effets; ledit état fera arrêté & figné par lefdits Chefs de brigades, & vifé par le Commandant-Infpecteur.

10.

L'Officier chargé du foin du magafin des fournitures, le fera également de toutes les dépenfes relatives à l'exécution des objets de l'habillement, équipement & armement.

Officier chargé du Magafin.

Il tiendra un journal de fes dépenfes, & rendra fes comptes aux Chefs de brigades, chargés de l'achat des fournitures, dans le courant des mois de Juillet & Août de chaque année; lefdits comptes contiendront l'entrée des fournitures de toute efpèce qui auront été confiées à fes foins, & la fortie de celles qu'il aura délivrées aux Ouvriers, pour être les différentes parties de l'habillement façonnées; il fera recette des effets de l'habillement que les Ouvriers rapporteront façonnées audit magafin, & dépenfe de ceux qu'il aura fait délivrer à chaque brigade; il établira la recette de l'argent qui lui aura été remis, & la dépenfe de celui qu'il aura payé pour les façons & faux-frais de la confection de l'habillement : après que lefdits comptes auront été examinés par lefdits Chefs de brigade, ils feront par eux remis au Commandant général, Infpecteur, à l'effet de juftifier de l'emploi du montant des billets de Maffe qui leur auront été délivrés.

Comptes à rendre.

11.

Pour affurer davantage l'uniformité, les Chefs de brigades, chargés de l'achat des différentes fournitures de l'habillement, traiteront directement avec les Fabricans, & avec un feul pour chaque objet de même efpèce; toutes les marchandifes feront voiturées au Corps, & conduites en droiture des lieux où elles

Obligation d'acheter dans les Fabriques.

auront été fabriquées , à l'exception du drap écarlate qui, devant être teint à Paris , sera forcément obligé de passer par ladite ville.

12.

Modèles déposés à l'État-major.

IL sera remis par le Commandant général , & déposé à l'État-major du Corps , un modèle des différens objets façonnés de l'habillement, équipement & armement que Sa Majesté aura arrêté , & lesdits modèles seront cachetés du cachet du Corps.

13.

Échantillons de marchandises déposés à l'État-major.

IL sera remis de même au magasin du Corps, des échantillons cachetés, ainsi qu'il est prescrit à l'article précédent, de l'espèce & nature des marchandises dont il devra être fait emplette pour l'habillement, afin que le Commandant général, Inspecteur, ou l'Officier qu'il aura commis à l'examen & réception desdites marchandises en son absence, puisse vérifier à leur arrivée, si elles sont conformes à la qualité, espèce & couleur desdits échantillons : tout ce qui ne sera pas reconnu pareil, sera renvoyé auxdits fournisseurs, à leurs frais, lesquels seront tenus par leur marché, d'en faire le remplacement : Et dans le cas où de la part desdits fournisseurs, il seroit trop longtemps différé, le Commandant général ordonnera les moyens qu'il jugera les plus convenables pour y pourvoir, à l'effet d'achever la confection de l'habillement pour le temps marqué.

14.

Travail de l'habillement.

LORSQU'IL aura été ordonné de faire travailler à l'habillement, l'Officier chargé du magasin remettra à celui qui sera chargé de veiller à l'exécution des effets dudit habillement, la quantité d'étoffes & de fournitures de chaque espèce, réglées par les dispositions du titre I.er du présent Règlement; & l'Officier qui les aura reçues, sera tenu de remettre au magasin du Corps la même quantité

18. février 1772.

23

d'effets façonnés, que les marchandises délivrées en auront dû rendre.

15.

L'OFFICIER chargé du magasin, payera la façon de tous les effets d'habillemens façonnés qui lui auront été livrés par l'Officier chargé de veiller & de suivre leur exécution, conformément aux prix ci-après réglés.

Prix des façons.

SAVOIR;

Pour la façon de l'habit grand uniforme	4^l	16^s
De sa veste	1.	4.
Du surtout	3.	
De sa veste	1.	4.
Du manteau	1.	4.
De la housse & des chaperons	2.	

16.

LORSQUE les différens effets façonnés auront été remis à l'Officier chargé du magasin du Corps, il ne pourra s'en défaisir ou les délivrer aux détailleurs des brigades, que sur l'ordre du Commandant général.

Distribution de l'habillement.

17.

LES Gendarmes ne pourront emporter leurs habits & vestes uniformes lorsqu'ils iront en congé de semestre, ou qu'ils s'absenteront du Corps par permission ; les détailleurs auront attention de les retirer, & de ne leur laisser emporter que les surtouts, vestes & chapeaux.

Effets uniformes resteront au Corps.

18.

DÉFEND Sa Majesté à tout Gendarme qui ne sera pas décoré de la croix de Saint-Louis, ou qui n'aura pas obtenu une pension de retraite en quittant le service du Corps, d'en porter l'uniforme, à peine d'être punis d'un an de prison.

Défense de porter l'uniforme.

19.

DÉFEND pareillement Sa Majesté à tout Gendarme

GENDARME en congé,

portera
le surtout.

qui ira en congé de semestre, de porter d'autres habits écarlates que ceux qui seront conformes à l'habit ou au surtout prescrit par le présent Règlement.

Le sieur Marquis de Castries, Commandant général & Inspecteur de la Gendarmerie, les Capitaines-lieutenans des compagnies dudit Corps, & les Commissaires des guerres à sa conduite & police, tiendront la main à l'exécution du présent Règlement; lequel Sa Majesté veut être lû & publié à la tête de la Gendarmerie, à ce qu'aucun n'en prétende cause d'ignorance.

FAIT à Versailles le dix-huit février mil sept cent soixante-douze. *Signé* LOUIS. *Et plus bas*, MONTEYNARD.